A geografia *em* versos poéticos

Editora Appris Ltda.
1.ª Edição - Copyright© 2021 dos autores
Direitos de Edição Reservados à Editora Appris Ltda.

Nenhuma parte desta obra poderá ser utilizada indevidamente, sem estar de acordo com a Lei nº 9.610/98. Se incorreções forem encontradas, serão de exclusiva responsabilidade de seus organizadores. Foi realizado o Depósito Legal na Fundação Biblioteca Nacional, de acordo com as Leis nos 10.994, de 14/12/2004, e 12.192, de 14/01/2010.

Catalogação na Fonte
Elaborado por: Josefina A. S. Guedes
Bibliotecária CRB 9/870

O482g
2021
	Oliveira, Velmani dos Santos
	    A geografia em versos poéticos / Velmani dos Santos Oliveira.
	  - 1. ed. – Curitiba: Appris, 2021.
	    65 p. ; 21 cm – (Artêra)
	
	    Inclui bibliografias
	    ISBN 978-85-473-4336-1
	
	    1. Poesia brasileira. 2. Geografia. I. Título. II. Série.
	
	                                                                                                                        CDD - 869.1

Appris
editora

Editora e Livraria Appris Ltda.
Av. Manoel Ribas, 2265 – Mercês
Curitiba/PR – CEP: 80810-002
Tel. (41) 3156 - 4731
www.editoraappris.com.br

Printed in Brazil
Impresso no Brasil

Velmani dos Santos Oliveira

A geografia *em* versos poéticos

FICHA TÉCNICA

EDITORIAL
Augusto V. de A. Coelho
Marli Caetano
Sara C. de Andrade Coelho

COMITÊ EDITORIAL
Andréa Barbosa Gouveia (UFPR)
Jacques de Lima Ferreira (UP)
Marilda Aparecida Behrens (PUCPR)
Ana El Achkar (UNIVERSO/RJ)
Conrado Moreira Mendes (PUC-MG)
Eliete Correia dos Santos (UEPB)
Fabiano Santos (UERJ/IESP)
Francinete Fernandes de Sousa (UEPB)
Francisco Carlos Duarte (PUCPR)
Francisco de Assis (Fiam-Faam, SP, Brasil)
Juliana Reichert Assunção Tonelli (UEL)
Maria Aparecida Barbosa (USP)
Maria Helena Zamora (PUC-Rio)
Maria Margarida de Andrade (Umack)
Roque Ismael da Costa Güllich (UFFS)
Toni Reis (UFPR)
Valdomiro de Oliveira (UFPR)
Valério Brusamolin (IFPR)

ASSESSORIA EDITORIAL José Bernardo dos Santos Jr.
REVISÃO Andrea Bassoto Gatto
PRODUÇÃO EDITORIAL Jaqueline Matta
DIAGRAMAÇÃO Giuliano Ferraz
CAPA Lucielli Trevizan
COMUNICAÇÃO
Carlos Eduardo Pereira
Débora Nazário
Kananda Ferreira
Karla Pipolo Olegário

LIVRARIAS E EVENTOS Estevão Misael
GERÊNCIA DE FINANÇAS Selma Maria Fernandes do Valle
COORDENADORA COMERCIAL Silvana Vicente

*Dedico este livro
aos meus pais (in memoriam),
e a todos os apaixonados pela literatura poética,
em especial a geográfica.*

*O que sabemos é gota,
o que ignoramos é um oceano.
(Isaac Newton)*

AGRADECIMENTOS

Agradeço primeiramente a Deus Jeová, pela dádiva da vida, e por ter me presenteado com a publicação desta obra.

Agradeço a família.

Aos professores Jânio Roque e Francely Oliveira.

A Editora Appris e a todos que direta e indiretamente contribuíram para o desenvolvimento e publicação da presente obra.

PREFÁCIO

Geografias poéticas ou poesias geográficas?

Os diálogos entre Geografia, Literatura e Arte podem se expressar de diversas formas e em diferentes contextos: acadêmico, escolar, literário, no mundo dos cordéis e na retórica poética das diversas circularidades cotidianas. Ao falar de interfaces dialógicas, evidentemente que a perspectiva dicotômica que consta no título deste prefácio não se aplica. Há textos geográficos poéticos e há belas poesias e contos literários que exalam geografias dos mais diversos lugares.

Nesta obra aparecem temas de diferentes lugares e contextos, que transitam dimensão topológica da materialidade (cidades, ruas) à dimensão misteriosa dos mares e rios. Faz-se menção a elementos da natureza, como as águas e as matas, que expressam vida, e também àqueles eventos catastróficos que nos assustam, como as tempestades. Esse cenário expressaria um pouco do que são as nossas vidas; um trânsito entre as tempestades fortes do cotidiano circulante e as calmarias dos nossos lares.

Nos poemas, os sujeitos sociais são urbanos, metropolitanos, sertanejos, miscigenados em um planeta com "muitos mundos". O homem que é capaz de produzir coisas belas e incríveis, como as grandes cidades, é também o algoz da natureza, destruidor do patrimônio ambiental e forte defensor da mercantilização exacerbada que impacta os sistemas naturais e explora muitas pessoas, segregadas do ponto de vista socioeconômico, e também pela imposição de limites geográficos de cunho político-territorial, como as fronteiras vigiadas. As poesias nesta obra expressam essas ambivalências, diversidades e ambiguidades desse homem produtor/transformador do espaço geográfico.

Os poemas de Velmani dos Santos Oliveira expressam as diversidades geográficas de diferentes contextos e sujeitos de variadas matrizes etnográficas. O pluralismo do discurso poético-geográfico revela a leitura de mundo(s) horizontal(ais) e amplo(s) da autora, que recusa a opção monotemática e opta por trazer abordagem alargada e pluritemática das questões e temas da Geografia, sob a ótica poética, e da poesia, em uma perspectiva geográfica.

A leitura deste livro deve ser feita de forma pausada e reflexiva para que se possa apreciar o conteúdo e também pensar sobre os temas abordados e sua relação com outras temáticas. Essas poesias são um convite a pensarmos nossas diversidades e dilemas em escala global, com especial ênfase nas especificidades do território brasileiro.

Janio Roque Barros de Castro
Professor titular da Universidade do Estado da Bahia (Uneb)

SUMÁRIO

13 | Garimpo em Santaluz
14 | Refugiados
15 | A Natureza algemada pela moeda-capital
16 | A vida no sertão
17 | Tragédia ambiental em Brumadinho - MG
18 | Terra de esperança
19 | Personalidade humana
20 | Desequilíbrio ambiental
20 | Guerras
21 | Amazonas
21 | Tragédia ambiental em Mariana
22 | Rio São Francisco
23 | O homem transformador do espaço geográfico
24 | Fronteiras
25 | Crise ambiental
26 | Sertão do Nordeste
26 | América! América!
27 | Continentes
27 | Devasta política global
28 | Rio de Janeiro
30 | Mapas
30 | Mãe África
31 | Conservação do solo
32 | Massas de ar
33 | Vencível homem
34 | Consumismo
35 | Os esquecidos da sociedade urbana
35 | Bahia
36 | Homem: soberano entre os animais
37 | Trabalho infantil

38 | O negro no Brasil
39 | Índio
40 | Mulher
41 | Brasil sobre tristes olhos
42 | Rocha
43 | Imigrantes refugiados
44 | Violência urbana
45 | Mares e oceanos
46 | Metamorfose do espaço urbano
47 | O rio é meu lar
48 | Feminicídio
49 | Terra meu lugar
50 | A geografia
51 | Brasil: Terra de proezas e grandezas
52 | Estrela sol
53 | Cordilheira dos Andes
54 | Bomba atômica de Hiroxima e Nagasaki
55 | Os meninos da caverna tailandêsa
56 | Fernando de Noronha
57 | Aquífero Alter do Chão
58 | Tempo
59 | Planeta Terra sob o gosto de fel
60 | Vulcão
61 | Tragédia do Monte Everest
62 | Triste caminho de um camponês
63 | Cruz das Almas/BA
64 | Reflexão

65 | Posfácio

Garimpo em Santaluz

No buraco do tatu, a pepita aflorou!
Brilhou a pedra, pedra-pepita do ouro, forasteiro acampou!
Garimpeiros amontoados em teus solos pedregosos em busca de um certo ouro!
Santa Luzia, a Luz que abrigou esperança e sustento do pequeno agricultor.
F
A
I
S
C
O
U
O ouro da terra, o faisqueiro garimpou!
Saiu da roça, garimpeiro se tornou!
Jorrou ouro em Santaluz;
a luz da Bahia se devastou!
Faisqueiro garimpou!
Garimpou!

Refugiados

Mar!
As lágrimas que derramei sobre o mar
Mancharam de vermelho a imensidão do mar!
Procurei a liberdade;
Meu caminho foi árduo;
Fui levado pela feroz onda do mar!

A tempestade de grilhões
me interrompeu de sonhar!
Não pude mais louvar a vida,
a terra que almejava brilhar!
Os guardiões mórbidos
conduziram meu corpo para o horizonte sem som,
sobre marcas de um sonho que se afogou!

Mar!
Naufragou a esperança!
O mergulho sombrio
De corpos de crianças!

Mar!
Meu caminho foi o mar!
Em busca da liberdade
Contemplei corpos amontoados,
Sob olhares perdidos sem a luz do luar!

Mar!

Meditei no Mediterrâneo!

O anjo da morte tocou a harpa;

A canção levou os espíritos inocentes!

A solidão ao vento!

Não houve arrependimento do homem

Que na terra não sabe amar!

A Natureza algemada pela moeda-capital

Quem dera fosse mentira!

O rio encontra-se sem vida!

O doce virou amargo,

O Brasil sem governança,

sem amor de verdade!

O rio virou lama,

A mina, pura ganância!

Quem dera fosse mentira!

O rio Paraopeba contaminado pela mina!

O silêncio, a solidão

das inocentes almas,

que sobreviviam do rio das canções!

Afogaram os rios!
Estatais – multinacionais,
driblando leis ambientais!

Quem dera acreditar!
A natureza livre!
O homem mal,
afogado pelo veneno do seu capital!

Quem dera!

A vida no sertão

Em terras secas, o céu brilha sem sombra de um luar,
Sertanejo peleja e não desiste de sonhar.
Com seu suor amargo, tem esperança de colher e plantar,
E matar a sede do caboclo, que do sertão fez seu lar!

O sertão é poesia!
Esperança da terra "mar", se tornar!
Lá no sertão do meu Nordeste, o mexe, mexe, quebradeira, espanta tristeza,
trazendo alegria, flores de laranjeiras à terra da seca, do amor que encontrei por lá!

O vaqueiro vem do sertão!
Com vestes de couro, busca uma razão,

Deixar vivo uma cultura que se encontra nas veias de uma nação!
O vaqueiro é homem puro, vive na terra reluzente, reza todo o tempo,
pedindo a padre Cícero, que caia chuva como vento e da terra brotar
o sustento!

O vaqueiro é um cabra da peste, celebra a vida,
entra na roda de samba, mas desajeitado, não sabe sambar!
Na roda de samba levanta poeira,
derruba o gado e rouba o amor da bela morena,
de pele queimada, que veio cheia de luz, irradia o sertão,
que não virou mar!

Tragédia ambiental em Brumadinho - MG

A sólida estupidez humana,
a natureza vitimou!
O líquido pastoso da lama,
A alma coletou!

Vale! Vale!
Doce?
Terra amarga da mina do ouro!
Estatal – multinacional,
Derramou lágrimas,
acorrentou corpos no rio de lamaçal!

Líquido-sólido;
Sólido-líquido!
A mancha do presente,
Cobriu um passado de terror!
Brumadinho amordaçado,
Pela ganância
De um sistema político,
sem amor!

Terra de esperança

Sampa, São Paulo,
Campinas, São Bernardo;
Vertical, horizontal,
Cheio de musicalidade.

Sampa, São Paulo,
País ou cidade?
Coração do Brasil!
Cidade do asfalto!

Lugar de sonhos,
De migrantes e refugiados,
É pra lá que vou,
Deixando saudades de minha terra natal,
Do meu sertão que carrego no coração, na minha memória!

Sampa, São Paulo!
Campina, São Bernardo!
Metrópole triunfante!
Orgulho nacional!
Sampa, São Paulo!
Trabalho e arranha céus, nova configuração espacial!

Sampa, São Paulo!
O progresso poluiu os teus rios!
Tietê e Pinheiros, secreção da perversão do sistema capital!
Sampa, São Paulo!
Campinas, São Bernardo!

Personalidade humana

Quem é o homem, se não um ser pensante!
Racional!
Irracional!
Dominante!
Dominado!
Ignorante!
Sábio!
Quem é o homem entre os homens,
Senão um mosaico de personalidades!

Desequilíbrio ambiental

Planeta Terra,
planeta água!
Falta terra,
falta água!
Nosso lar,
nossos males!
Sujo ares,
puros ares!
Águas vivas,
águas mortas!
Gritos presos de espécies,
que por fim são mortas!

Guerras

Jaz séculos e prevalecem ilusões
Homens perversos cultivando ódio e armas nas mãos
Cultuam desgraça em forma de "graça"
Sou filho órfão da terra sem pátria mãe!

Como pássaro em gaiola
Não há vozes na multidão
Quem clama por liberdade
São reprimidos por fortes mãos!

Pátria amada
Pátria amarga
Pátria terra natal
Pátria de corpos feridos e almas perdidas
Mergulhadas na profunda solidão!

Amazonas

Rio que corre,
Rio que sangra,
Boto morre;
Amazonas clama!
O homem desmata,
O homem capitaliza/pecuária implanta!
Que em nome da ganância, arranca as
Raízes do dom da Amazônia
De ser a arbórea de um rio-mar, que navega e repousa esperança!

Tragédia ambiental em Mariana

Mariana!
Ó, Mariana!
Em Minas, as águas do Rio Doce,
repousavam vidas e esperanças!

Mariana!
Ó, Mariana!
Foste vítima das minas Samarco,
Que arrancou do Rio Doce, vidas marinhas, vidas humanas, vidas selvagens!

Mariana!
Ó, Mariana!
O capitalismo da Samarco fez de ti um mar de lamas;
Gualaxo sangra!
Rio Carmo chora!

Mariana!
Ó, Mariana!
Em tristes versos saudosos, lembro de ti!
Ó, Rio Doce!
Da bela paisagem,
Recifes e Abrolhos, que
deixaram de existir!

Mariana!
Ó, Mariana!

Rio São Francisco

Vai, Chico!
Mata a sede do nordestino.

Sai da tua terra natal
E da vida e esperança a um povo sofrido.

Vai, Chico!
Nasceste na canastra,
No estado das Minas Gerais,
Em doces e longo cursos d'água!

Velho Chico!
És a mais bela canção de
Um povo antes sem destino,
Tens o dom de desenhar caminhos,
Cortar serras, vales e matas sem a fúria da transposição,

Vai, velho Chico!
Brilha e brilha!
Que o sensato homem
Livre tuas águas cristalinas da capital ignorância,
preservando tua essência,
Te livrando da ganância!

O homem transformador do espaço geográfico

O que seria do espaço sem a ação do homem;
E evolução do homem dentro do pensamento geográfico?

O que seria do homem se não compreendesse o homem,
Que des(territorializa) espaços de cunho nacional/internacional?
Eu sou o poeta que compreende a geografia,
Das lutas dos campos, do trabalhador urbano, imigrante,
Que luta por moradia, comida, emprego e cidadania!

O que seria do homem se não compreendesse o homem?
Que faz da sua história dentro da ótica de um sistema político, econômico?

O que seria do homem se sua própria vítima não fosse o homem?
A empresa homem é câncer dos valores humanos!
O que seria do mundo sem a insensata existência do homem?

Fronteiras

Terras sem limites...
Fronteiras não são livres,
Fronteiras naturais,
Fronteiras artificiais,
Fronteiras são homens presos a serviço,
Do bem e do mal.

Fronteiras são guerras,
Fronteiras não são iguais,
Retratam a riqueza de poços
De cunho natural!

Fronteiras, fronteiras...
Todas viraram artificiais,
Usadas pelo homem para disputa
E controle territorial.

Crise ambiental

Alterações climáticas,
Crises no abastecimento de água,
O homem sempre encontra razões
Para destruir nações;
Poluir, produzir, consumir e implantar,
No planeta globalizado,
Não quero mais estar.

A Terra é o meu lugar,
Vamos todos nos conscientizar,
Com almas unidas, a natureza salvar!

Vamos plantar,
Do suave aroma jasmim,
Flores regar,
Sem sujeiras, sem lixos,
Sem fel, sem mais dias tristes,
O planeta transformar, no puro e límpido lugar.

Sertão do Nordeste

Pelas vastas terras cinza de calor, no sertão encontro o meu amor.
Mata branca é a vegetação do meu Nordeste, que dá vida a inúmeras espécies!
Cacto, mandacaru, aroeira, xique-xique,
A savana do meu Nordeste, o semiárido é meu universo!
Sobre solos áridos e pedregosos, a esperança de plantar e colher sob rezas de um dia chover!

O sertão virou canção, que tocou os corações.
Gonzaga, na "Asa Branca", levou ao mundo a dolente melodia!
Nas terras secas, não deixo, não!
Falta água, nasce vida, no pomar da várzea do meu sertão!

América! América!

És canção do "novo mundo"
De um povo unido pelo istmo central,
De histórias de conquistas territoriais,

América!
Sobre vastas águas oceânicas, repousas terras de norte a Sul;
Colonizada e explorada, povos nativos foram exterminados,
A natureza transformada, uma nova cultura implantada!

América! América!

Do sonho estrangeiro a nações periféricas,
Em contornos alongados, possui uma rica biodiversidade,
As montanhas desenham teu principal contorno territorial!
És pura grandeza!
Relevo, solo sob águas cristalinas!

América! América!
De povos sofridos, refugiados,
Que veem na terra do tio Sam, a esperança de um novo amanhã!
És continente, cultura presente aos quatro ventos,
Em sua diversidade e imensidão territorial,
És poesia,
És canção, das diferentes nações!

Continentes

Único bloco de terra formou a Pangeia!
Tremeu a terra, quebrou as terras, formou novas terras!
Vulcão, erupção, terremotos, o planeta em formas de blocos,
Continental, oceânico, no interior, movimentos tectônicos,
Deslizar, soerguer, convergir, novas estruturas surgir!

Devasta política global

A globalização é um sistema universal!
Une povos e culturas dentro das redes nacionais!

Santos já dizia, a globalização não é poesia, tira o suor do pobre trabalhador todos os dias!

A globalização é técnica, tecnologia!
Desilusão, pobreza e exploração a cada dia!
É o homem moldado, capitalizado, escravo de uma sociedade cheia de maldades!

A globalização é fragmentação!
Da produção de supérfluos, da industrialização,
A globalização é poluição!
É o agrotóxico consumido na alimentação!

A globalização é o extermínio de um povo sem nação!
É poesia negra que destrói inocentes corações!
A globalização é a perversão de um destemido homem, sem medo da criação e exploração!

Rio de Janeiro

Rio de Janeiro!
Calor humano o ano inteiro!
Cidade do sol!
Primor!
Esplendor!
Pintura do morro redentor feito pelo Deus criador!

Rio das maravilhas,
Rio da Montanha e o Mar!
Rio global, patrimônio cultural!
Rio do caos!
Rio da violência urbana,
Das belezas naturais.

Rio – Realengo,
Pedra da Gávea, Guanabara, cheia de gente camarada!
Rio que te quero paz, justiça e igualdade social!
Rio das favelas, do turismo no morro do Vidigal!

Rio! Cidade do samba, das belezas tropicais,
Rio da mulata, da epidemia do Carnaval,
Da história de quem um dia foi capital,
Do Flamengo que despertou o meu amor!
Rio! És canção de Jobim, Vinícius de Moraes,
Rio, como te quero bem!

Rio!
Oh, Rio!
Moldado pelo criador,
Copacabana, a princesinha do mar,
Leva ao meu amor versos de tuas águas,
Que apaga amargura, transbordando sorrisos floreais!

Mapas

Em grandes escalas ou pequenas, cheio de teorias,
Os mapas representam vidas!

Mapas temático;
Políticos, econômicos, culturais!
Mapas são caminhos cheios de informações universais!
Com legenda é mais fácil,
Conhecer diferente espaços geográficos.

Mapas! Mapas!
Coloridos, específico, no geral,
Nele, os elementos, clima, vegetação, população, aprendo mais!

Mapas! Mapas!
Instrumentos de localização, de poder,
De conquistas territoriais,
Mapas são histórias de derrotas e vitórias!
Mapas são pincéis que brilham e contornam os quatros cantos do universo em folhas de papéis!

Mãe África

És pura beleza de uma cultura cheia de grandeza!
O europeu invadiu teu coração,

Com lanças de fel, fez feridas sem cicatrização!

Mãe África!
Teu povo sofrido virou escravo de territórios desconhecidos;
Ganhou liberdade, mas já era tarde!
O homem branco exterminou tuas fontes de ouro, prata e bronze,
Teu futuro incerto, cercado de fome, guerras e pestes!

Mãe África!
Sou América, essência da tua esfera,
Fui vítima do homem branco,
Minha dignidade arrancada,
Sou sangue africano,
Sou americafricano!

Mãe África!

És crianças cheia de esperança,
És dor de uma mãe que perde seus filhos, vítimas da maldição,
És luz, cheio de esplendor e canções,
És misto de ódio, amor e compaixão!

Conservação do solo

Terra que te quero bem!
Terra que mata a fome do meu bem!
Terra judiada pelas queimadas,

Exposta, morta, estéril, sem ninguém!
Sangra em forma de chorume, vítima da ação do homem que não te quer o bem!

Terra explorada!
Agricultura envenenada,
Produzir! Produzir!
Sistema de produção e tecnologia é investir!

Revolução verde veio para decidir, os grandes empresários na terra produzir!
Governo e grandes corporações investiram,
A máquina consumiu, terra e produção, o lema da globalização!

Vamos todos suplicar para o pequeno agricultor
Conquistar créditos para plantar e sua fome matar!
Vamos todos lutar e o solo que produzimos, conservar.
Abaixo aos agrotóxicos!
Abaixo a política de mercado globalizado!

Massas de ar

Dentre mares e continentes,
Sobre fortes elementos,
As massas de ar!
Entre altas e baixas pressões,
Ganham identificações,

Equatorial, tropical ou polar, todas ao vento,
Levando suaves orvalhos e calorosas temperaturas a todos os viventes!

Vencível homem

        A

        R

        R

        E

        T

        R

        O

        P

        A

        T

        U

        L

MATA POR TERRA - Homem - GUERREIA POR TERRA

        N

        O

        F

I
N
A
L
R
E
C
B
e
S E TE PALMOS DE TERRA

Consumismo

Nike, Adidas, Apple, Ferrari,
Exibir é meu lema em sociedade,
Homem usado pelos donos de mercado,
É instrumento da hostil propaganda dos grandes empresários globalizados.
Meu cérebro é consumir, pensar é fora de moda!
Eu quero estar na moda, exibir! exibir!
Sou antenado, fissurado pelo consumismo, pela publicidade!

Os esquecidos da sociedade urbana

No laboratório da vida, a cidade é o meu espaço,
Percorro ruas e gente, para todos os lados,
protegendo bolsas e celulares,
com medo de serem roubados!

No laboratório da vida existe de tudo,
gente de salto e gente que nunca viu um par de sapatos de verdade;
alguns que não olham os lados, outros com tristes lágrimas por não encontrarem um pedaço de pão nas calçadas.

No laboratório da vida, eu nunca andei de carro, fui jogado às margens pelo covil sociedade.
Meu futuro não é incerto, tenho convicção do que é certo,
No dia seguinte tudo se repete.

No laboratório da vida, sou indigente, sentindo frio no relento, procurando alimento.
Meus irmãos estão aos ventos, levados pelo tempo!
Sou gente que não tem gente, com identidade levada ao esquecimento!

Bahia

Essa terra é o meu amor!
Nasci e criado estou!

Bahia!
Teatro, cinema e poesia,
Carnaval todos os dias!
Da torcida organizada do Vitória, do Baea!
Todos os brasis conhecem tua história de vida, cultura, cidadania!

Bahia!
Jorge Amado te levou para os romances e dramaturgia!
És Boemia, gingado único de um povo que só se encontra na Bahia!
És terra mãe – Bahia africana!
"Continente" negro da população brasileira!

Bahia!
És contos, encantos e musicalidade!
És a Bahia de São Salvador,
De Caetano, Gil, Maria, de todos nós e do Senhor!
És encanto de um povo que recebe em suas ruas irmãos de todos os lugares, com sorriso acolhedor.
És o meu verdadeiro amor!

Homem: soberano entre os animais

Dentre espécies de animais;
O homem pensa, cria, faz o bem, faz o mal!

Homem faz o homem, enche a terra,
Mata o homem!

O homem ensina o homem,
Dá sabedoria e descobertas!

Homem! Homem!
Gênio brutal!

Busca Marte!
Novos campus siderais, novos lares,
Inventa fórmulas, ciências,
Espécie sem igual!
És misto de desejos, sonhos, sentimentos,
Moldado pelo tempo, gera novos homens para o planeta habitar!

Trabalho infantil

Sou criança, tríplice excluída!
Não sei jogar, brincar, desenhar, fantasiar!
Sou criança-adulta, conduzida as repetidas vezes o trabalho executar!
Não sei dos direitos;
Trabalho para o sustento levar!
Não sei se foi ironia do tempo, mas nasci para no campo colher e plantar!

Com pés descalços e mãos sujas, o carvão e a inchada são os meus brinquedos de manipulação!

Com o corpo franzido e olhares entristecidos, sou mais um excluído da escola que forma cidadão!

Meu grito está preso dentro de um universo imposto pelo feroz homem, dono do tempo!

Vendendo balas ou varrendo chão,

Meu caminho é matar a fome, a pobreza imposta por um grupo de homens cheio de "razões"!

Não escolhi a fome, a pobreza,

O capitalismo me escolheu!

Sou gente que enriquece gente,!

Sou mais um na multidão!

Não tenho o direito de sonhar e fantasiar como uma criança inocente!

Sou escravo do tempo, espaço e de gente que não sabe amar!

O negro no Brasil

Nasci livre!

Fui arrancado minha liberdade.

Tornei-me escravo!

O homem branco rotulou minha cor, sou inferior!

A tempestade tomou o céu, o mar se agitou.

Deus chorou, o homem mal transportou, para nova terra, uma cultura implantou!

Tornei-me ódio e amor!

Em minha terra-mãe, a solidão!
A dor de um parto invadiu meus irmãos!
Guerrear, resistir, a morte é meu caminho, meu fim!
Silenciado, ganhei liberdade!

Entrei pra história!
Sou poeta julgado, discriminado!
Meu sangue em todos os olhares, cores miscigenadas!
Meus costumes enraizados dentro de feridas nunca cicatrizadas!

Índio

Tupi, Guarani, Guajará, Caiapó, Pataxó!
O espírito do índio é amar!
O deus da natureza, adorar!
Nenhum homem ensinou, a divindade o guiou, o índio sábio se tornou!
Pescar, plantar, cantar, pintar e seu corpo enfermo com ervas se curar!

As terras sem nome eram harmonia e paz,
A natureza ao som da orquestra dos animais!
O paraíso descoberto, o europeu de posse dizimou a riqueza que aqui encontrou!
Tudo se transformou!
O índio escravizado, exterminado!
O deus da natureza chorou!
Não havia mais cânticos, a floresta silenciou!

O índio se tornou gente rara, discriminada!
Sua dignidade, sua história violada!
O índio virou europeu, fala português,
Quase extintos, no Brasil sua cultura se perdeu!

Índio! Índio!
Que morre na terra do seu deus.
Marchou contra a ganância de um povo europeu!
Plantou amor, seu sangue derramou,
na natureza corrompida, o guerreiro vencido em novas culturas se adaptou!

Mulher

A rosa brotou!
Suas pétalas coloridas, os quatro cantos do horizonte, embelezou!
O homem mau aprisionou a voz da bela canção que entoava amor!
Lutou! Lutou!
As suaves e fortes mãos, a sociedade, o espaço, conquistou!

Mulher! Mulher!
Em outrora, o pai da psicanálise indagou:
"O que querem as mulheres?".
Jacques Lacan respondeu: "A mulher não quer nada porque ela não existe!".
A mulher é o tudo do homem, afinal, sem ela, ele não existe!

Os movimentos de ruas vieram para provar que seu valor é muito mais do que possamos imaginar!

Direito de votar,

O topo do Everest, alcançar!

Direito de na política nos representar!

Direito das universidades e mercado de trabalho, integrar!

Mulher! Mulher!

O orvalho da primavera de um límpido jardim fez belos contornos em teu corpo de jasmim!

És memória de dores e amores,

Teu caminho árduo

Busca a glória de uma sociedade, cheia de graça, desgraça, acorrentada pela obsessão do homem, que bane teu espaço, a luz cheia de esplendor!

Brasil sobre tristes olhos

Idolatrada Pátria Amada, onde estás que não te encontro?

Onde está a esperança de um futuro e glória do passado?

Na bandeira do novo mundo, quem és tu, Brasil?

Terra sem mais esplendor!

Não há progresso!

Não há amor!

Só há desordem!

Vermelho e preto cobrindo teu presente!

Brasil!

Teus filhos mortos em solos – mãe!

Não há patriotismo, não há políticos gentis!
Há dor, desesperança, violência urbana!
És terra explorada, suja com ideologias falsas!

Brasil!
Teu povo lubridiado, vítima das garras do circo político do Planalto!
És lágrimas da pobre criança ao vento em busca do sustento!
O verde esperança e alegria estampados nos carnavais e arenas dos futebóis!

Brasil!
Brasileiro é a sua maior riqueza,
Vítima da realeza!
Não compreende o tamanho do seu poder!
Não sabe escolher!
Não se interessa em ler!
Em teu seio "não" há liberdade, todos presos ao algar da sociedade!
Terra amada, idolatrada!
Teus filhos "fortes" sobre olhares temerosos,
Oh terra – mãe!
Brasil! Brasil!

Rocha

A natureza se encarregou, a rocha decompor!
Solos férteis e coloridos para o sustento do meu amor!
O basalto se desfez, o solo vermelho se formou.

A terra rossa, roxa, na roça, cultura propagou,
Encantou europeus, que aqui permaneceu!

No período colonial, solo bem explorado!
Cana, café, o Massapé do litoral do Nordeste, você precisa conhecer!
Arenoso e cheio de acidez, o Salmourão necessita de técnicas de manipulação!
Menos fértil que seus irmãos, é fácil de encontrar.
Centro-oeste, Sudoeste e Sul do meu Brasil, quero explorar!

Fragmento! Fragmento!
Um novo solo para o ribeirinho se agradar!
Transportado pela água e pelo vento, solo aluvial é formado por fragmentos!
Vamos todos agradecer ao criador, que fez os solos a nosso favor.
Terra roxa, Massapé, aluvial, eluvial, todos trazem esperança de plantar e de colher, para nosso povo crescer e sobreviver!

Imigrantes refugiados

Minha terra guerreando, fome se alastrando,
Flores velando corpos em todos os cantos.
Meu destino foi migrar, para uma nova terra poder habitar!
A feroz lei anulou sonhos, escureceu o horizonte.
Meu coração nas garras do diabólico homem nazista!
Não tenho irmãos!
Virei bicho!

Sofro perseguição!

Meus filhos engaiolados, não sabem onde estão!
Filhos que clamam pelos pais, que choram em busca de elucidações!
A intolerável alma me levou a escuridão!

Minha voz percorreu os ventos,
Houve manifesto dos anjos!
O homem mau sendo julgado,
A paz e a irmandade como flores desabrochando!
Virei cânticos dos pássaros prestes a ganhar amor e liberdade!

Violência urbana

Sou inocente, percorro ruas dos guetos;
Sou da favela, me rotularam diferente!
A guerra urbana roubou Minh' alma,
Meu corpo ao chão, a última canção:
"Ele não viu que estava com roupa de escola, mãe?".
Arrancaram de mim sonhos, esperanças!

Não acredito em destino!
A morte foi meu caminho!
Tornei-me versos tristes de uma mãe que perde seu filho!
Fui ignorado por um grupo de soldados!
Virei memória de uma história do mal!

Meu país, um sistema,
Tem como lema: governar sobre pólvoras e algemas!
Meus irmãos desprotegidos, julgados,
vulneráveis nas ruas das favelas!
A violência roubando sossego, almas de crianças,
Vitima uma sociedade desigual e sem governança!

Mares e oceanos

Planeta Água!
Os quatros pontos cardeais entoam notas musicais,
As ondas do mar ao som dos cânticos das baleias juba!
Os golfinhos em acrobacias mostrando as belezas das espécies marinhas!

Planeta Água!
Os navegantes modulam adorações à rainha do mar!
Vamos todos navegar!
Conhecer as riquezas do planeta mar!

Pororocas, Eloá!
Águas salobras na dança regida pelas forças da terra, sol e luar!
O espetáculo curvatório das ondas no ar!
Vamos todos mergulhar, nas profundidades das águas nos encantar!
Classes e espécies marinhas, que só encontramos por lá!

Mares com cores, gelados, sem vida, os sete mares completam o ciclo das inúmeras vidas!

Vamos todos exercer o equilíbrio ecológico!
Espécies como Mero, Badejo-Tigre e Cação-Viola deixarem de serem extintas!

O nosso planeta é pura Natureza!
Na terra, no céu e mar, todo universo poesia vinda do céu!
Moldados em suaves mãos e sorrisos de mel!

Metamorfose do espaço urbano

Quando criança andava ao vento, cercada de olhares inocentes.
Minha cidade, tomada por jardins, emanava paz, perfume em ares florestais!
Quando criança brincava com crianças, com jogos de crianças!
Minha cidade cercada de ruas e árvores enfeitadas no Natal!

Que saudade do tempo que não volta mais!
Que saudade dos amigos que não tenho mais!
Que saudade dos rios que alimentavam os animais!
Que tristeza viver em mundo sem paz!

Minha cidade sofreu mutação, mudou os espaços, ganhou novas funções!
Não há mais bancos e jardins, há flores negras caídas no chão!
Os arranha-céus saíram dos papéis,
Becos e vielas, romance das telenovelas!

Minha nova moradia não é poesia, virou notícias de jornais e assuntos de cunho policial!

A juventude em busca de novos rumos, ganhar as ruas e conquistar o mundo!

Minha cidade é apolítica ou brinca de política.

Que saudade de quando eu era criança, conhecia o mundo dentro do universo de uma criança!

Meu alimento é viajar no tempo, conhecer os mundos criados por gentes!

Minha alegria foi viver a outrora das primaveras que não saem da memória!

O rio é meu lar

Na minha rua não tem ladeira,

Não tem asfalto, nem esgoto sanitário!

Na minha rua não tem brinquedos, não tem endereço,

Não tem pessoas andando para todos os lados!

A minha casa é bem pequena,

Não tem cimento e vive molhada.

Na minha casa o piso é de madeira, o chão é o rio que alimenta meu corpo e minha alma no imaginário!

Na minha casa o teto são as estrelas, a luz do luar;

O sol o meu guia, no dia seguinte, tudo continuar!

Na minha rua não tem boemia, não tem festa, nem alegria!

No meu mundo tem fantasia,

A lenda do boto, que anda desajeitado, chapéu e sapatos!

Boto galanteador, caladão e sinistro,
Encantado por donzelas, engravida-as e mergulha no rio!

Não existe rua igual a minha!
Tem vitória-régia, menino curupira, índia Naiá!
Em certo dia, a natureza uniu o Sol e a Lua, nas águas dos rios cristalinos, dando vida a Macunaíma!
As águas da Amazônia são pura fantasia!

Encantos e tristezas dividem meu lar!
Heróis, florestas, mitos, experiências iguais, em outra rua não há!
Celebro a vida olhando o horizonte, na espera reluzente de novos contos transcender na janela do meu lar!

Feminicídio

Mulheres!
São versos de uma sociedade!
Sorriso guerreiro, que merece respeito, dignidade do homem e do mundo inteiro!

Teus suaves movimentos corporais fazem de ti uma flor especial numa sociedade de gêneros e pensamentos desiguais!
A sociedade medieval persiste nos tempos atuais,
O "homem" insiste em te fazer o mal,
Calar tua voz na multidão, algemar tuas mãos na eterna solidão!
Hoje tens o direito de dizer não!

Não ao abuso, assédio, estupro, dor, vindo dos homens maus!

Não à ideologia do machismo, à educação arcaica – autoritária,

Que faz da mulher um serviçal, escrava sexual, robotizada, sem sentimentos e escolhas na vida social!

Não à morte, por ser mulher,

Mas à vida, por possuíres o dom de gerar vidas!

Direito de ser vista, todos os dias, como humano que brota amor e bane ódio,

Como ser forte, que mudou a sociedade, provou sua capacidade, sua participação no mercado e desenvolvimento da história da humanidade!

Direito ao romantismo, às mais belas notas musicais tocadas pela nobre orquestra, que dão sentido à existência do universo, das forças sobrenaturais!

Direito à extinção do feminicídio!

Direito de escolher!

Subir às montanhas, colinas, continentes,

navegar os mares, oceanos e espaço sideral!

Direito à igualdade, ao amor, à liberdade!

De brilhar e brilhar no universo estrelar,

Graciosa Mulher!

Terra meu lugar

A Terra é o meu país, cercado de grandezas, como a Natureza, dentro de melodias!

No meu país caminho longas estradas à procura de novos jardins.

Encontro pedras e espinhos,
Flores e cânticos dos passarinhos!

A Terra é a minha canção de alegria, dor e solidão!
É meu único universo viajado na imaginação!

Como sonhador, repouso meu corpo cansado em verdes campos, cercado de flores e canções vindas da orquestra dos animais!

No mundo da fantasia conto estórias, não conheço guerras, mas romance de novelas!

Na minha terra vivo em busca de paixões, florestas preservadas e cenários urbanos sem contrastes; filhos de mãos dadas em nome da paz e salvação!

No país Terra, nem todos são irmãos!

Uns cultuam guerras, outros ódio e destruição, dentro do paraíso terra deixado para futuras gerações!

Brevemente meu país-Terra deixará de ser canção, imaginação!

Viajarei entre as estrelas à procura de uma constelação!

Lá repousarei em versos minha alma cansada da solidão!

A geografia

A geografia é lar, meu planeta terra, céu e mar!

É o vulcão em erupção, criando rochas e solos para plantação!

É o camponês com seu puro e inocente coração, plantando e colhendo o sustento de um sistema social sem pátria, sem nação!

A geografia é luz dos corações cheios de fel!
É o inanimado, criado, recriado pelos fenômenos naturais!
É o homem construindo espaços,
Guerreando por terra e adquirindo sete palmos de terra!

A geografia é poesia,
Os cânticos dos pássaros, o sorriso inocente da criança que admira a natureza ao vento!
É política que transforma espaços, rotinas, trazendo tecnologias!
É Ciência que une ciências, trazendo riquezas de saberes, transformando e unindo nações!

A geografia é guerra, domínio do homem que destrói o homem em nome do orgulho e obsessão!
Ives Lacost já dizia: "Antes de mais nada, a geografia serve para fazer guerra".
Guerra por domínio de territórios e ideologias!
Guerra de amor, dos apaixonados, que lutam e deixam viva a mais completa e renomada ciência do lugar, espaço, território e sabedoria!

Brasil: Terra de proezas e grandezas

Admirável terra colonizada, miscigenada!
Cheia de culturas, de brasis, dentro do Brasil!
Admirável terra, acalantada, embriagada por um povo reluzente,
Tomado pela graça da rosa sem espinhos!

Admirável terra, Brasil, multicultural,
Cheia de grandezas e costumes regionais!
Carrega sotaques, culinárias, rituais!
És amorosidade dentre as nações!

Brasil!
Teu território, retalhos de cores de cetins,
Com curvas que desenham as mais belas flores de um jardim.
Os pássaros cantarolam suaves versos, cheio de amor!
És riqueza na biodiversidade, com doces águas que encantam teu espaço geográfico!

Eu e você somos letra de uma canção que deu vida e existência a nossa nação!
O orgulho de ser brasileiro brota do coração, ultrapassa fronteiras, mergulha os sete mares!
Eu louvo minha adorável e esplêndida nação!
Tenho liberdade, como as estrelas que iluminam o céu.
Importa-me viver as primaveras nas serenas terras férteis do meu Brasil!

Estrela sol

Adorável estrela da manhã,
És deus de povos remotos, aurora boreal!
Finita grandeza, que move os planetas, os elementos da natureza;
O arco íris nos convida a admirar os espetáculos de cores no ar!

Rei sol!
Calor que aquece o corpo e alivia dor!
Abraça a alma, trazendo esperança, vida e esplendor!
Saudamos a dádiva do nascer e pôr do rei sol!
Que se recolhe de mansinho para as estrelas e a lua brilharem no céu!
Estrela reluzente!
Nobre girassol!
Brilha e brilha!
Dando sentindo a vida e o planeta a cada novo amanhecer!

Cordilheira dos Andes

Ande!
Andes!
Cordilheira dos Andes!
Majestosas rochas soerguidas das entranhas da terra,
beleza latina, dos oceanos e do céu!

Ande!
Andes!
Magnífica rocha vulcânica em extensão,
Aconcágua Argentina, guardiã da América Latina,
Imponente cordilheira!
A geometria sobre nuvens e cores enaltece o Oceano Pacífico, e nas agulhas penetrantes, olhando o Atlântico, faz-me comparar-te a um paraíso montanhoso.

Ande!

Andes!

Terras destinadas ao Quechua, de coração gigante para habitar tua abóbada Celeste,

Silêncio e harmonia em águas cristalinas.

O Titicaca, preservado e longe das garras do homem capital,

És mito e mistério de povos que deixou na memória, cidades, palácios e riqueza, que percorrem teu relevo amarronzado!

Ande!

Andes!

Do alto emana puros ares, vasta paisagem dos lhamas, alpaca, brilhando e enfeitando a Cordilheira dos Andes!

A deusa da nascente do Amazonas percorre o teu luar, adocicando as águas do mar, alvorecendo esplendor em rochas cheias de vigor!

Ande!

Andes!

Cordilheira dos Andes!

Bomba atômica de Hiroshima e Nagasaki

O dragão do ocidente enviou litlle boy e fat man à terra do sol nascente;

Hiroshima, aos prantos, presenciou seus filhos devorados;

Poeira radioativa para todos os lados!

Truman, sem piedade e pudor, ordenou devastar uma terra de cultura e amor!

Enola gay!
Embelezou o céu, escureceu o sol,
Derramou infinitas lágrimas hereditárias sob o gosto de fel!

Rosa! Rosa!
Homens, mulheres, crianças vítimas da radiação da rosa!
Rosa estúpida, beijou o céu!
Consumiu vidas!
Dragão feroz, invadiu sem licença casas inocentes,
Sugou os espíritos de quem nem sabia da tua existência!

Rosa enola!
Bomba atômica!
Rosa atômica!

Deixou feridas, cicatrizes que entraram para a história!
O devorador impôs regras, acuou tua pátria, ergueu uma nova atmosfera,
Cheia de novas estrelas e a paz na terra do sol nascente permanecer!

Os meninos da caverna tailandesa

Dia frio, cinzento, Tailândia tomada por chuva e doze crianças e seu técnico ao relento!
A Natureza pregou uma peça, os jovens adentraram 800 metros na caverna Sombria e tomada pelo silêncio do terror, o som das águas ecoavam temor!
Toda equipe clamou!

As vozes ao céu tocaram os sinos celestiais!
Anjos anunciados aos quatro ventos para resgatar as almas inocentes!

Dor, fome por dias suportaram.
Um mensageiro deu a vida, virou estrela, voltou aos céus!
Celebramos o sobrenatural!
Jovens libertos,
A história percorreu o universo.
Houve comoção,
Crença, adoração!

Predestinação!
Provação!
Meninos de ouro!
Dor!
Milagre!
Amor manifestado!
Anjos revelados!

Fernando de Noronha

Beleza tropical!
Há milhares de anos o grande pintor, sob tintas eruptivas,
Esculpiu Noronha, cercada de paz, beleza e amor!
Vespúcio descobriu e logo se encantou,
Não demorou e, em 1503, levou ao mundo
A existência do grande paraíso feito pelo Deus criador!

Noronha é pura beleza.
Suas águas cristalinas banham as rochas,
O tempo esculpiu, novas formas, adquiriu!
O sol reverencia os contornos rochosos cercados de mar!
Em noite de luar, as estrelas beijam as areias cintilantes!
O golfinho rotador faz acrobacias,
O homem, tocado de amor, admira!
Vinte e uma ilhas, que maravilha!

Patrimônio brasileiro!
Noronha pernambucana!
Oásis que atrai suspiros e olhares de quem conhece a majestosa ilha Fernando de Noronha!

Aquífero Alter do Chão

A
L
T
E
R
D
O
C
H
Ã
O

A chuva alimenta o chão!
Alter do Chão!
Doce altivez de águas cristalinas,
Alter do Chão!
Brota vidas, sustenta irmãos,
Alter do Chão!
Aquífero de encantos, ameaçado pelo homem,
Alter do Chão!
As divindades desenharam esplêndidos contornos de rios, no Brasil,
Alter do Chão!
Luz que seduz os olhares inocentes,
Afoga tristezas,
Alter do Chão!

Tempo

O tempo!
Leva tempestades, furacões!
Traz poesias,
Romantismo,
Chuva de flores,
Climas de amores,
Novos amigos,
Ciclo da vida!

Tempo!
Embriago-me no vinho trazido pelo tempo,

Que renova caminhos,
Purifica Minh'alma das nebulosas canções.

O tempo!
É a luz do dia!
O banho do luar.
São amores em versos saudosos que carrego na memória!
O Tempo!

Planeta Terra sob o gosto de fel

C
A
O
S
O planeta Terra sob o gosto de fel!
Automóveis – arranha-céus,
Indústrias – agrotóxicos
Leis ambientais prescritas nos papeis!
A cidade sob o gosto de fel!
Chuvas ácidas corroendo monumentos,
Os rios se enchendo de lixos e venenos,
F
E
L
As ações do homem têm gosto de fel!
O amor se perdeu,

A Terra se aqueceu,
A camada de ozônio sentindo o gosto amargo do capitalismo no céu!

Fel!
A espécie humana é pura desordem,
Caos – ignorância!
Ganância
Gosto de fel!
Fel!

Vulcão

Do interior da terra, placas tectônicas,
Na boca do vulcão, força e erupção,
Reluzente magma que toca o chão!
Fumaça cinzenta que beija o céu!

Lava!
Forma rochas e lava a alma!
Fúria do interior que devasta vidas no solo sem temor!
Guardião do deus da natureza, deslumbra poder e grandeza!
Montanha que, adormecida, emana idolatria.

Vulcão ativo!
Espetáculo de fogo na escuridão da noite!
Magnífica beleza triunfante!
Intocável rio de calor arrebatador.

Longes dos meus olhos,
Imagino teus eventos arquitetados
Pela natureza de riquezas, fúria e explendor!

Tragédia do Monte Everest

Galguei pelas montanhas do mundo,
Apaixonei-me pelos lindos versos, versos do Everest,
a "deusa-mãe" que coleciona corpos e almas na esfera celeste!

Almejei nas largas silhuetas rochosas,
sentir o manto branco que envolve teu corpo amonrazado,
Beijar a boca dos lábios de terror!
Cume Everest!

Longe de casa, acampada,
Um cordão humano e colorido se formou!
Sherpas e irmãos em direção ao sonho cheio de temor:
chegar ao topo do mundo que não ecoa amor!

No caminho, meu sonho quase se perdeu.
Na Ásia não tive asas e a fúria de uma avalanche me envolveu!
Lutei contra a dor, reavivei minhas forças, meu anseio,
Chegar ao cume e levar ao mundo a conquista de um sonhador!

Beijei e a acariciei,

A deusa-mãe sussurrou, envolvendo-me em seus braços gelados, mórbidos, sem pudor!

Minh'alma adormeceu!

Meu espírito entre as constelações viajou!

Meu corpo mumificado não pôde ser resgatado.

Virei troféu do anjo da morte, que se alimenta de almas e corpos congelados!

Monte Everest!

Ressoa beleza, mistério e esplendor!

Misteriosa deusa mórbida, admirada pelos amantes de uma aventura de terror!!

Triste caminho de um camponês

Em outrora, morava na roça, plantava e regava na terra que marcou minha história!

Com poucos hectares, colhia esperança, que alimentava minha alma na pureza do límpido ar de quem nasceu para viver do brilho da roça!

Minha terrinha, divisa da grande fazenda, que com o tempo deixou de ser humana, virou tecnológica!

Certo dia, a angústia bateu no meu peito, não tive mais créditos, deixei minha roça!

A grande fazenda acoplou suas terras com minha terrinha para produção de soja!

Minha alegria fora roubada, ficou na memória!

Meu alimento é relembrar os anos felizes de quem nasceu e viveu da semente do amor plantado na roça!

Cruz das Almas/BA

F
R
E
N
T
E
A
C
R
U
Z

Tropeiro rezou
na matriz do Bom Sucesso,
Cruz das Almas, município se tornou!
Na Cruz das Almas, de almas viventes,
a guerra de espada, do São João,
uma linda cultura, o vento da luz propagou!
O forró pé de serra, acelera as batidas
do coração do meu amor!
Reluzente terra da Bahia,
da fé, esculpida pelo poeta,
pelo nosso Senhor!

Reflexão

Preenchi linhas com versos e poesias,
Relatei dores, aflições, desejos sem razões,
Descrevi o homem nu numa sociedade crua,
com olhos atentos ao acumulo do capital,

Preenchi folhas em branco,
Falei do amor, das belezas naturais,
Das florestas e bosques,
Das almas dos inocentes,
Da criança que brincam ao vento,
Dos esquecidos e refugiados homens,
numa sociedade tão desigual!

Descrevi com dor na alma,
o tolo homem, que luta e guerreia por terra,
E no final recebe sete palmos de terra!

Bem...
As lacunas vazias, anseio preencher!
A incerteza do amanhã, leva a esperança,
do homem se autoconhecer, buscar sua essência,
e quebrar as algemas, fazendo transbordar o amor que dar sentido ao viver!

Posfácio

Recebi o pedido de Velmani dos Santos Oliveira de fazer o posfácio de seu livro como uma honra e, ao mesmo tempo, como um imenso desafio, pois embora eu seja uma amante da Geografia, nunca dominei a arte da poesia. No entanto não pude negar acolher esse pedido, contagiada que fui ao ver tamanha sensibilidade para, na mesma obra, abordar temas geográficos com os olhos da poesia, e a poesia, por sua vez, sob a perspectiva da Geografia.

A *Geografia em Versos Poéticos* é um verdadeiro presente para todos nós, leitores, apaixonados ou não por poesia e/ou Geografia, pois cada poema nos remete a recordações e reflexões acerca de situações tão presentes em nossa sociedade, de tamanha diversidade e, infelizmente, com a mesma proporção de desigualdades.

Uma obra de leitura aprazível e que certamente encantará a todos!

da Silva Oliveira
Professora substituta no curso de Geografia,
Campus VI, da Universidade do Estado da Bahia.